BEI GRIN MACHT SICH IHR WISSEN BEZAHLT

- Wir veröffentlichen Ihre Hausarbeit,
  Bachelor- und Masterarbeit

- Ihr eigenes eBook und Buch -
  weltweit in allen wichtigen Shops

- Verdienen Sie an jedem Verkauf

Jetzt bei www.GRIN.com hochladen
und kostenlos publizieren

Planung eines Beweglichkeits- und Koordinationstrainings für einen 20-jährigen Studenten

Sandro Weckenmann

Bibliografische Information der Deutschen Nationalbibliothek:

Die Deutsche Nationalbibliothek verzeichnet diese Publikation in der Deutschen Nationalbibliografie; detaillierte bibliografische Daten sind im Internet über http://dnb.d-nb.de abrufbar.

ISBN: 9783346472649
Dieses Buch ist auch als E-Book erhältlich.

Deutsche Hochschule für
Prävention und Gesundheitsmanagement

Einsendeaufgabe

Fachmodul:	Trainingslehre III
Studiengang:	Fitnessökonomie
Datum Präsenzphase:	31.05.2021 – 02.06.2021
Matrikelnummer:	
Name, Vorname:	Weckenmann, Sandro
Studienort:	
Semester:	**Sommersemester 2019**

Inhaltsverzeichnis

1   Einleitung und Personendaten

1.1   Einleitung

In Zeiten von Home-Office und Schließungen der Fitnessstudios gerät die Bewegung immer mehr in den Hintergrund. Mehr als 25 Prozent der Erwachsenen und rund 80 Prozent der Jugendlichen bewegen sich nach Angaben der Weltgesundheitsorganisation (Fitness Management International, 2021) nicht genug. Folglich wird es mehr Personen geben, die an Bewegungsdefiziten oder Dysbalancen erleiden. Gegenstand dieser Hausarbeit ist deshalb die Bewegung, mit Schwerpunkt Beweglichkeit und Koordination. Dabei stehen besonders die Beweglichkeitstestung nach Janda (2000), sowie eine Trainingsplanung in Bezug auf Beweglichkeit und Koordination im Fokus. Ziel der Hausarbeit ist es, die Trainingsmotive unseres Probanden so erreichbar wie möglich zu machen und die möglichen Defizite unseres Probanden zu beheben.

1.2   Personendaten

Tabelle 1: Allgemeine Personendaten

Alter	20 Jahre
Geschlecht	Männlich
Körpergröße	1,87m
Körpergewicht	93 kg
Trainingsmotive/Wünsche	<ul><li>Koordination Stärken</li><li>Verbesserung der Beweglichkeit (besonders in den Beinen)</li><li>Besser Fußball spielen</li></ul>
Berufliche Tätigkeit	Student
Aktuelle und frühere sportliche Aktivitäten	Aktuell keine regelmäßigen sportlichen Aktivitäten. Bis vor 3 Jahren Fußballtraining, Zeitraum 10 Jahre

Tabelle 2: Daten zur Ermittlung des Gesundheitszustandes

Parameter	Erhobene Daten	Normwerte
Blutdruck	127/83 mmHg	Optimal: >120/80 mmHg Normal: 120-129/80-84 mmHg Hochnormal: 130-139/85-89 mmHg
Ruhepuls	78 Schläge/Minute	60-80 Schläge/Minute
BMI-Wert	BMI von 26,6	Der Normbereich für Männer im Alter von 20 Jahren liegt bei einem BMI von 20-25. Bei einem BMI zwischen 25 und 30 kg/m2 spricht man von Überge-wicht. Adipös ist man bei einem Wert >30 kg/m2. Personen die einen BMI >40kg/m2 aufweisen sind adipös (Leitzmann, Müller, Michel, Brehme, Hahn, & Laube, 2003). Somit ist unser Proband leicht überge-wichtig.
Orthopädische Probleme / Krankheiten	keine	
Internistische Probleme / Krankheiten	keine	
Medikamenteneinnahme/ ärztliche Behandlung	keine	

Durch 10 Jahre Fußballtraining hat der Proband Erfahrung mit Dehnübungen und Koordinationstraining. Da er wieder anfangen möchte, Fußball zu spielen, soll er nun sein Koordinations- und Dehnwissen auffrischen und stärken. Durch überwiegend sitzende Tätigkeiten als Student schließen wir einen eher geringen bis moderaten Bewegungsalltag. Der Blutdruck, sowie der Ruhepuls, liegen im Normalbereich, somit stellen sie keine Risikofaktoren dar. Zudem weist unser Proband keine orthopädischen oder internistischen Probleme auf und unterliegt keiner ärztlichen Behandlung oder regelmäßigen Medikamenteneinnahme. Abschließend lässt sich sagen, dass keinerlei Risikofaktoren festzustellen sind und sich unsere Testperson uneingeschränkt trainieren lässt. Zudem ist unsere Testperson in einem Zustand, indem man das Niveau des Beweglichkeitstrainings hoch ansetzen kann.

2 Beweglichkeitstestung

Mit unserem Probanden wurde ein manueller Beweglichkeitstest nach Janda (2000) durchgeführt. Professor Vladimir Janda war eine Schlüsselfigur der Rehabilitationsbewegung des 20. Jahrhunderts. Seine Beobachtungen zu muskulären Dysbalancen, Fehlhaltungen und Gangstörungen, sowie deren Zusammenhang mit chronischen Schmerzsyndromen, diagnostisch und therapeutisch, beeinflussten die Rehabilitationswelt. Bei diesem Testverfahren werden wie folgt fünf Muskelgruppen in verschiedenen Übungen getestet:

Als ersten Beweglichkeitstest nehmen wir den großen Brustmuskel (M. pectoralis major): Unser Proband nimmt eine Rückenlage auf einer Liege ein, danach werden zur Fixierung des Beckens die Beine angewinkelt und die Füße stehen auf der Auflagefläche. Der Tester gewährleistet durch leichten Zug mit der Hand, in diagonaler Richtung von der zu testenden Seite hin weg, eine Stabilisierung im Oberkörper/Brustbereich. Der Arm, der getestet wird, wird im Schultergelenk abduziert und in eine Außenrotation gebracht. Der Ellenbogen wird 90° gebeugt. Die Position des Oberarmes zur Horizontalen gilt als Messbereich. Der Test wird auf beiden Seiten durchgeführt. Während der Testung muss, gewährleistet werden, dass das Becken und die Lendenwirbelsäule fixiert bleiben. Während des Tests darf kein Abfälschen durch Beckenabhebung oder Hohlkreuz im Lendenwirbelsäulenbereich passieren. Durch Anwinkeln der Beine und Anspannen der Bauchmuskulatur kann dem vorgebeugt werden.

Die zweite Testung erfolgt in der Hüftbeugemuskulatur (speziell M. iliopsoas): Der Proband nimmt erneut eine Rückenlage auf einer Liege ein, sodass das Gesäß mit dem Rand der Liege abschließt und beide Beine überhängen. Nun wird ein Bein so weit wie möglich Richtung Bauchwand herangezogen und das andere Bein bleibt im Überhang. Hierbei beobachtet der Tester die Hüftflexion des überhängenden Beines. Die Position des Oberschenkels im Verhältnis zur Körperlängsachse der Hüftbeugewinkel ist hierbei der Messbereich. Zu beachten gilt, dass ein Abheben des Beckens, sowie ein Hohlkreuz im Lendenwirbelsäulenbereich, das Ergebnis verfälschen würden. Während des Tests ist zu beachten, dass das Becken und die Lendenwirbelsäule fixiert bleiben. Durch die maximale Hüftflexion (das maximale Heranziehen des angewinkelten Beines) können beide Einheiten größtenteils stabilisiert werden. Der Test wird Links und Rechts durchgeführt.

Die dritte Testung erfolgt in der Kniestreckmuskulatur (speziell M. rectus femoris):
Der Proband nimmt eine Rückenlage auf einer Behandlungsliege ein. Das Gesäß schließt
mit dem Rand der Liege ab. Beide Beine hängen vorne über. Anschließend wird ein Bein
maximal Richtung Körper angezogen und das andere Bein bleibt im Überhang. Dieses
(Bein im Überhang) wird durch den Tester im maximal möglichen Hüftextensionswinkel
fixiert. Anschließend bewegt der Tester das Bein in den maximal möglichen Kniebeugewinkel. Der Messbereich ist hierbei der Kniebeugewinkel (Winkel zwischen Ober- und
Unterschenkel). Während des Tests ist zu beachten, dass das Becken und die Lendenwirbelsäule fixiert bleiben. Durch die maximale Hüftflexion (das maximale Heranziehen des
angewinkelten Beines) kann die Lendenwirbelsäule und das Becken größtenteils stabilisiert werden.

Die vierte Testung erfolgt in der Kniebeugemuskulatur (Mm. ischiocrurales):
Der Proband nimmt eine Rückenlage auf einer Behandlungsliege ein. Das nicht zu testende Bein wird gebeugt und aufgestellt. Das zu testende Bein wird im Kniegelenk gestreckt und anschließend durch den Tester in die maximal mögliche Hüftflexion gebracht.
Das zu testende Bein muss gestreckt bleiben und das Becken sowie die Lendenwirbelsäule müssen fixiert bleiben. Der Test wird Links sowie Rechts durchgeführt.

Der fünfte und letzte Test wird in der Wadenmuskulatur (Mm. triceps surae) durchgeführt:
Der Proband liegt in Rückenlage auf einer Behandlungsliege. Das nicht zu testende Bein
steht angewinkelt auf der Liege. Das zu testende Bein ist gestreckt und die distale Hälfte
des Unterschenkels ragt über die Liege heraus. Mit der einen Hand greift der Tester den
Fuß distal am Fersenbein. Dabei ist zu beachten, dass die distale Hälfte über die Behandlungsliege hinausragt. Mit der anderen Hand greift der Tester die Fußaußenkante. Der
Tester übt nun einen Zug über die Ferse aus und zieht gleichzeitig distalwärts. Mit dem
Daumen der anderen Hand drückt der Tester den Vorfuß am äußeren Fußrand mit leich-
tem Druck in Richtung des Schienbeins. Anschließend wird versucht, das Bewegungs-
ausmaß zu vergrößern. Wichtig ist hierbei, dass mit dem Daumen ausschließlich am Fußrand Druck ausgeübt wird. Wird in der Fußmitte Druck ausgeübt könnte eine reflektori-
sche Anspannung in der Zielmuskulatur eintreten und das Ergebnis verfälscht werden.
Entscheidend ist bei dieser Testung der Zug an der Ferse.

Im Anschluss (Tabelle 3) wird der Beweglichkeitstest nach Janda (2000) mit unserem Probanden durchgeführt:

Tabelle 3: Beweglichkeitstestung

Testübung	Norm-/Richtwerte	Ergebnis
Brustmuskulatur (M. pectoralis major)	Stufe 0 = Oberarm erreicht Horizontale Stufe 1 = Oberarm erreicht Horizontale durch Druck des Testers Stufe 2 = Oberarm erreicht Horizontale auch durch Druck des Testers nicht	Rechts: 0 Links: 0
Hüftbeugemuskulatur (speziell M. iliopsoas)	Stufe 0 = Oberschenkel erreicht Horizontale Stufe 1 = Oberschenkel erreicht Horizontale durch Druck des Testers Stufe 2 = Oberschenkel erreicht Horizontale auch durch Druck des Testers nicht	Rechts: 1 Links: 1
Kniestreckmuskulatur (speziell M. rectus femoris)	Stufe 0 = Unterschenkel hängt senkrecht herab Stufe 1 = Unterschenkel erreicht 90° im Kniegelenk durch Druck des Testers Stufe 2 = Unterschenkel erreicht 90° im Kniegelenk auch durch Druck des Testers nicht	Rechts: 1 Links: 1
Kniebeugemuskulatur (Mm. ischiocrurales)	Stufe 0 = Hüftflexion im Ausmaß von 90° möglich Stufe 1 = Hüftflexion im Ausmaß zwischen 80-90° möglich Stufe 2 = Hüftflexion nur unter 80° möglich	Rechts: 1 Links: 1
Wadenmuskulatur (Mm. triceps surae)	Stufe 0 = Dorsalextension bis 0° möglich Stufe 1 = Dorsalextension möglich; 0° wird nicht ganz erreicht Stufe 2 = Dorsalextension nur bis 10° unter 0°-Stellung möglich	Rechts: 0 Links: 0

Der Proband weist in der Brustmuskulatur (M. pectoralis major) keine Bewegungsdefizite vor. Bei beiden Armen wurde die Horizontale erreicht. Ebenfalls optimale Werte erreichte unsere Testperson in der Wadenmuskulatur (Mm. triceps surae). Eine Dorsalextension war links sowie rechts bis 0° möglich. Dennoch wies unser Proband einige Bewegungsdefizite auf. So erreichte der Oberschenkel im Linken wie im rechten Bein nur durch Druck des Testers 90°. Für unseren Test bedeutet dies Stufe 1 in beiden Beinen in der

Hüftbeugemuskulatur (speziell M. iliopsoas). Ebenfalls Defizite wies die Kniestreckmuskulatur (speziell M. rectus femoris) auf. Dort wurde links wie rechts nur Stufe 1 erreicht und der Unterschenkel gelangte an die 90° im Kniegelenk nur durch Druck des Testers. In der Kniebeugemuskulatur (Mm. ischiocrurales) war eine Hüftflexion im Ausmaß zwischen 80-90° möglich, was leichte Bewegungsdefizite vorweist. Unsere Testperson erreichte links, wie rechts die Stufe 1. Abschließend lässt sich sagen, dass unsere Testperson in der Knie- sowie der Beckenregion des Körpers einige Defizite aufweist. Hier sollte durch gezielte Dehn- und Koordinationsübungen nachgeholfen werden. Im Hinblick auf die Ziele und Wünsche unseres Probanden sollte auf jeden Fall ein Dehn- und Koordinationstraining absolviert werden.

3 Trainingsplanung Beweglichkeitstraining

In der folgenden Tabelle wird die Trainingsplanung, abgestimmt auf den Probanden, abgebildet. Anschließend wird jede Übung erläutert und das Belastungsgefüge dargestellt.

Tabelle 4: Trainingsplanung Beweglichkeitstraining mit Dehnform

Übung Nr.	Übung und Dehnungsform	Zielmuskulatur
1	Dehnung der vorderseitigen Oberschenkelmuskulatur im Stand (passive/statische Dehnungsform)	Vierköpfiger Oberschenkelmuskel (M. quadriceps femoris)
2	Dehnung der rückseitigen Oberschenkelmuskulatur liegend (aktive und passive/dynamische Dehnungsform)	Ischiocrurale Muskulatur (Mm. ischiocrurales)
3	Dehnung der Hüftbeugemuskulatur im Kniestand (passive/statische Dehnungsform)	Lendendarmbeinmuskel (M. iliopsoas) Gerader Oberschenkelmuskel (M. rectus femoris)
4	Dehnung der Gesäßmuskulatur in Rückenlage (passive/statische Dehnungsform)	Großer/mittlerer/kleiner Gesäßmuskel (M. gluteaus maximus/medius/minimus)
5	Dehnung der seitlichen Rumpfmuskulatur / des breiten Rückenmuskels im Seitgrätschstand (aktive/dynamische Dehnungsform)	Breiter Rückenmuskel (M. latissimus dorsi) Äußerer schräger Bauchmuskel (M. obliquus externus abdominis) Innerer schräger Bauchmuskel (M. obliquus internus abdominis)

6	Dehnung der Rückenstrecker im Vierfüßlerstand (aktive/statische Dehnungsform)	Autochthone Rückenmuskulatur (Mm. errector spinae)
7	Dehnung der Brustmuskulatur im Stand (aktive/postisometrische Dehnungsform)	Großer Brustmuskel (M. pectoralis major) Zweiköpfiger Oberarmmuskel (M. biceps brachii) Deltamuskel, vorderer Anteil (M. deltoideus pars clavicularis)
8	Dehnung der Schulterblattfixatoren im Stand (passive/statische Dehnungsform)	Trapezmuskel (M. trapezius), Rautenmuskel (Mm. Rhomboidei)
9	Dehnung der hinteren Schultermuskulatur im Stand (aktive/dynamische Dehnungsform)	Deltamuskel, hinterer Anteil (M. deltoideus pars spinata), Trapezmuskel, mittlerer bzw. querverlaufender Anteil (M. trapezius pars transversa), Rautenmuskel (Mm. Rhomboidei)
10	Dehnung der Nackenmuskulatur im Stand (aktive/statische Dehnungsform)	Trapezmuskel, oberer Anteil (M. trapezius pars descendens)
11	Dehnung der rückseitigen Oberarmmuskulatur im Stand (passive/statische Dehnungsform)	Dreiköpfiger Oberarmmuskel
12	Dehnung der Wadenmuskulatur im Stand (passive/statische Dehnungsform)	Zwillingswadenmuskel (M. gastrocnemius) Schollenmuskel (M. soleus)

Tabelle 5: Übungsbeschreibung für das Beweglichkeitstraining

Übung Nr.	Ausführung der Übung
1	Die folgende Übung dient der Verbesserung der Kniegelenksbeweglichkeit. Ausgangsposition ist ein fester Stand, anschließend wird die Ferse im Stehen bei gestrecktem Oberschenkel nach oben an das Gesäß gezogen. Bei eingeschränkter Beweglichkeit kann man den Ablauf durch z.B. ein Handtuch oder ähnliches unterstützen. Zu beachten ist, dass beide Oberschenkel parallel verlaufen und das Standbein leicht gebeugt bleibt. Die Übung wird ohne Unterstützung durch Festhalten und abwechselnd mit beiden Beinen ausgeführt.
2	Die Ausgangsstellung ist die Rückenlage auf einer Matte. Die Hände umfassen nun den Oberschenkel des zu dehnenden Beines und das Bein wird in Richtung Brustkorb gezogen, bis die maximale Beugung im Hüftgelenk erreicht ist. Anschließend wird das Bein im Kniegelenk nach oben ausgestreckt, bis ein deutliches Spannungsgefühl in der Oberschenkelrückseite entsteht. Diese Übung wird abwechselnd mit beiden Beinen ausgeführt.
3	Ausgangsposition dieser Übung ist der Kniestand. Nun wird ein Bein vor den Körper gebeugt aufgestellt und der Fuß wird vor dem Knie platziert. Das hintere Bein liegt mit dem Unterschenkel komplett auf und das Gewicht wird anschließend auf das vordere Bein verlagert. Dabei wird das Becken nach vorne geschoben und das hintere Bein streckt das Hüftgelenk. Um zu verhindern, dass das Becken in eine Hohlkreuzposition ausweicht, ist es wichtig, dass die Bauchmuskulatur angespannt wird. Bei Bedarf kann das Gleichgewicht durch Abstützen gesichert werden. Diese Übung wird abwechselnd mit beiden Beinen ausgeführt.

4	Ausgangsposition ist hierbei die Rückenlage. Während ein Bein gebeugt auf den Boden aufgestellt wird, wird das andere Bein zusätzlich in der Hüfte nach außen rotiert und der Unterschenkel wird an der Oberschenkel-vorderseite des anderen Beines gelegt. Anschließend wird das zu stützende Bein mit beiden Beinen Richtung Körper gezogen und der Unterschenkel des zu stützenden Beines hängt dabei locker nach unten. Diese Übung wird abwechselnd mit beiden Beinen durchgeführt.
5	Die Ausgangsposition ist im leichten Seitgrätschstand. Nun werden die arme gestreckt und maximal vom Kör-per abgespreizt. Anschließend werden die Arme verschränkt und über den Kopf geführt. Es wird beachtet, dass der Brustkorb aufgerichtet bleibt. Nun wird der Körper leicht zur Seite geneigt. Die Dehnung kann durch Zug nach oben an dem zur Beugerichtung gegenüberliegenden Arm verstärkt werden. Die Dehnung erfolgt dynamisch, weshalb der Oberkörper wieder leicht Richtung Mittellinie zurückbewegt und der Zug am Arm ab-geschwächt wird. Im Anschluss, um die Dehnung wieder zu verstärken wird der Oberkörper wieder geneigt und der Zug erhöht. Dabei wird immer darauf geachtet, dass die Beckenachse gerade und die Knie leicht ge-beugt bleiben. Des Weiteren sollte der Blick immer nach vorne gerichtet sein. Diese Übung wird abwechselnd auf beiden Seiten durchgeführt.
6	Ausgangsposition dieser Übung ist der Vierfüßlerstand. Im Anschluss darauf wird die Bauchmuskulatur ange-spannt sowie die Wirbelsäule nach oben gewölbt. Diese Position wird, da die Übung statisch ist, gehalten.
7	Bei dieser Übung startet die Ausgangsposition im Stand. Die Hände verschränken sich hinter dem Rücken und die Handinnenflächen zeigen zueinander. Anschließend werden die gestreckten Arme aktiv nach oben angehoben. Zu beachten ist, dass die Oberkörperhaltung unverändert aufrecht bleibt sowie die schultern tief liegen. Da diese Übung dynamisch ist, werden die Arme abwechselnd leicht abgesenkt und wieder angeho-ben.
8	Diese Übung startet im Stand, die Arme werden in Schulterhöhe vor den Körper gestreckt und die Hände ver-schränkt. Nun werden die Schulterblätter aktiv nach vorne gezogen und der Kopf wird nach vorne geneigt. Zu beachten ist, dass die Schultern dauerhaft tief bleiben. Diese Position wird nun gehalten, da sie eine Stati-sche Übung ist.
9	Ausgangsposition ist auch hier ein fester Stand. Ein Arm wird in Schulterhöhe von dem Körper abgespreizt und im Ellbogengelenk gebeugt. Dier andere Hand übt anschließend Druck auf den gebeugten Ellbogen aus und der angewinkelte Arm wird somit Richtung Körper geschoben. Für eine dynamische Ausführung wird der Druck abwechselnd verstärkt und geschwächt.
10	Ausgangsposition ist ein fester Stand, der Kopf wird zur Seite geneigt. Die Dehnübung erfolgt nun, indem die der Kopfneigung gegenüberliegende Schulter aktiv nach unten gezogen wird. Diese Position wird nun sta-tisch gehalten.
11	Ausgangsposition ist der feste Stand. Ein Arm wird gebeugt und neben dem Kopf fixiert. Im Anschluss wird der angewinkelte Arm mit der anderen Hand zur Körpermitte gezogen. Zu beachten ist, dass die Hand des angewinkelten armes auf dem gleichseitigen Schulterblatt oder zwischen den Schulterblättern aufliegt und der Blick, während der gesamten Übung nach vorne gerichtet ist. Da diese Übung statisch ist, wird diese Po-sition gehalten.
12	Ausgangsposition der Übung ist der feste Stand. Ein Bein wird anschließend gestreckt nach hinten gestellt und mit kompletter Sohle auf dem Boden aufgesetzt. Das andere Bein ist im Kniegelenk gebeugt und der Oberkörper wird ebenfalls leicht nach vorne gebeugt. Folge dessen wird das Körpergewicht auf das vordere Bein verlagert. Zu beachten ist, dass die Ferse des hinteren Beins ständigen Kontakt mit dem Boden hält. Nun wird das Knie des hinteren Beins langsam gestreckt, bis die dehnschwelle in der Wade erreicht wird. Der Oberschenkel des hinteren Beines und Oberkörper bilden eine Linie und beide Füße stehen parallel zueinan-der. Diese Übung wird abwechselnd mit beiden Beinen ausgeführt.

Tabelle 6: Belastungsgefüge für das Beweglichkeitstraining

Trainingshäufigkeit pro Woche	3x
Sätze pro Übung	3
Dehndauer	Ca. 45 Sekunden
Intensität	Bis zur „Dehngrenze"

Bei der Auswahl der Übungen wurde darauf geachtet, dass der Proband seine Trainingsmotive mit Berücksichtigung des durchgeführten Beweglichkeitstests erfüllen kann. Des
Weiteren wurde darauf geachtet, dass die Übungen für unseren Probanden weitestgehend
ohne Hilfsmittel oder Unterstützung durchgeführt werden können, da er vorhat, das Deh-
nungsprogramm Zuhause durchzuführen. Deutliche Defizite hatte unser Proband im Be-
reich der unteren Extremitäten, speziell in der Hüftbeugemuskulatur (speziell M. iliopsoas), der Kniestreckmuskulatur (speziell M. rectus femoris) und der Kniebeugemuskulatur (Mm. ischiocrurales). Folglich wurde darauf geachtet, dass der Schwerpunkt des
Dehnprogrammes auf diesen Muskelgruppen liegt und die Übungen der jeweiligen Muskelgruppen an den Anfang des Plans gestellt werden. Begründen lässt sich dies durch die
Wichtigkeit der Extremitäten im Hinblick auf die Wünsche unseres Probanden. Gerade
in den Kniegelenken und der Hüfte sollten keine Defizite vorliegen, wenn unser Proband
wieder das Fußballspielen beginnen möchte. Des Weiteren hate unser Proband im Beweglichkeitstest lediglich Stufe 1 erreicht, was bedeutet, dass diese Übungen essenziell
für unseren Probanden sind und diese vorliegenden Defizite behoben werden sollten. Vor
allem wurde bei unserem Dehnprogramm darauf geachtet, den Fokus auf die statische
Dehnmethode zu setzen, da diese für Anfänger leicht zu lernen und durchzuführen ist.
Trotz allem lässt sich jedoch keine Dehnmethode exakt für eine bestimmte Zielsetzung
festlegen (Olivier et al., 2008, S. 247), da dies wissenschaftlich nicht belegt wurde. Zwar
kann ein Dehntraining die Gesamtmobilität verbessern, klar ist deshalb aber nicht, mit
welchen Anpassungsprozessen dieser Effekt erzielt wird (Schönthaler & Ohlendorf,
2002, S. 29). Des Weiteren wurde darauf geachtet, möglichst alle wichtigen Muskelgruppen des Körpers im Plan zu berücksichtigen. Je nach Übung wurde sich hier für die aktive
oder passive Dehnform entschieden. Bei der aktiven Dehnungsform profitieren Anwen-
der davon, dass neben der Dehnung auch die aktive Arbeitsmuskulatur gestärkt wird. Um
das Training des Anfängers interessant und abwechslungsreich zu gestalten, beinhaltet es
auch dynamische und postisometrische Dehnung. Bei Übung Nummer zwei (Dehnung

der rückseitigen Oberschenkelmuskulatur liegend), Übung fünf (Dehnung der seitlichen Rumpfmuskulatur / des breiten Rückenmuskels im Seitgrätschstand) und Übung neun (Dehnung der seitlichen Rumpfmuskulatur/des breiten Rückenmuskels im Seitgrätschstand) wurde eine dynamische Dehnungsform bevorzugt, da bei diesen Übungen die Dehnposition nahezu problemlos erreichbar ist. Des Weiteren wurde Rücksprache mit unserem Probanden gehalten und die oben genannten Übungen sind ihm durch seine langjährige Erfahrung als Fußballspieler schon bekannt. Da das Belastungsgefüge, sowie die oben genannten Dehnmethoden, nicht wissenschaftlich belegt werden können, wurde sich hier auf Studienergebnisse von Schönthaler & Ohlendorf (2002) orientiert. Demnach ist eine Dehndauer von ca. 45 Sekunden bei 3-4 Serien als sehr gut einzuschätzen. Optimal wäre ein tägliches Dehntraining, mit Absprache unseres Probanden wurde sich hier auf ein Dehnungstraining alle zwei Tage geeinigt. Die Dehnintensität bis zur „Dehngrenze" beläuft sich auch hier auf Statistiken und Auswertungen von Schönthaler & Ohlendorf (2002). Denn laut oben genannten Personen beginnt dort der Dehnschmerz. Unser Proband hat zwar langjährige Sporterfahrung (durch das Fußballspielen), aber durch eine dreijährige Pause von jeglichem Sport möchten wir unseren Probanden nicht überbelasten und setzen somit die Dehngrenze als vorläufigen Endpunkt fest.

4   Trainingsplanung Koordinationstraining

Ein Wunsch war es, Übungen mit einem Wackelbrett einzufügen, denn unser Proband hat einen Gymnastikball sowie ein Wackelbrett Zuhause und möchte beides gerne benutzen. Zudem hat unser Proband zwei Trainingspartner, die ihn jederzeit bei seinem Training unterstützen. Dies wurde berücksichtigt und der Plan wurde wie folgt erstellt.

Tabelle 7: Trainingsplanung Koordinationstraining mit Übungsbeschreibung und Arbeitsweise

Übung	Übungsbeschreibung	Arbeits-weise
Beidbeiniger Stand mit geschlossenen Augen	Ausgangsposition ist ein fester Stand auf dem Boden. Im Anschluss werden die Augen geschlossen und das Gleichgewicht wird gehalten.	Statisch
Einbeiniger Stand	Ausgangsposition ist ein fester Stand auf dem Boden. Im Anschluss wird ein Bein im Kniegelenk nach hinten angewinkelt und das Gleichgewicht wird gehalten. Man beachte die Gewichtsverlagerung auf das Standbein.	Statisch
Einbeiniger Stand mit geschlossenen Augen	Ausgangsposition ist ein fester Stand auf dem Boden. Im Anschluss wird ein Bein im Kniegelenk nach hinten angewinkelt, die Augen werden verschlossen und das Gleichgewicht wird gehalten. Man beachte die Gewichtsverlagerung auf das Standbein.	Statisch
Einbeiniger Stand und Schwingen des Gegenbeines	Ausgangsposition ist ein fester Stand auf dem Boden. Im Anschluss wird ein Bein im Kniegelenk nach hinten angewinkelt. Nun wird das andere Bein gestreckt und von vorne nach hinten geschwungen.	Dyna-misch
Einbeiniger Stand und werfen + fangen von Tennisbällen von einem Trainingspartner	Ausgangsposition ist ein fester Stand auf dem Boden. Im Anschluss wird ein Bein im Kniegelenk nach hinten angewinkelt. Ergänzt wird die Übung durch Werfen und Fangen eines Tennisballs mit einem Trainingspartner.	Dyna-misch
Beidbeiniger Stand auf dem Wackelbrett	Ausgangsposition diese Übung ist der feste, leicht gebeugte Stand auf einem Wackelbrett mit Unterstützung durch z.B. festhalten. Anschließend wird ohne Unterstützung versucht das Gleichgewicht auf dem Wackelbrett zu halten.	Statisch
Beidbeiniger Stand auf dem Wackelbrett mit geschlossenen Augen	Ausgangsposition dieser Übung ist der feste, leicht gebeugte Stand auf einem Wackelbrett mit Unterstützung durch z.B. festhalten. Anschließend werden die Augen geschlossen und ohne Unterstützung versucht das Gleichgewicht auf dem Wackelbrett zu halten.	Dyna-misch
Beidbeiniger Stand auf einem Wackelbrett und werfen + fangen von Tennisbällen von einem Trainingspartner	Ausgangsposition dieser Übung ist der feste, leicht gebeugte Stand auf einem Wackelbrett mit Unterstützung durch z.B. festhalten. Anschließend wirft ein Trainingspartner dem Probanden einen Tennisball zu und dieser wirft ihn anschließend wieder zurück: Dieser Vorgang wird andauernd wiederholt.	Dyna-misch
Beidbeiniger Stand auf einem Wackelbrett und werfen+ fangen von Tennisbällen von 2 verschiedenen Partnern	Ausgangsposition dieser Übung ist der feste, leicht gebeugte Stand auf einem Wackelbrett mit Unterstützung durch z.B. festhalten. Anschließend werfen 2 Trainingspartner dem Trainierenden einen Tennisball zu und unser Proband wirft diesen anschließend zurück. Zu beachten ist, dass der Trainierende nicht wissen darf, von wem der Ball geworfen wird. Dies muss ohne Vorahnung des Trainierenden geschehen.	Dyna-misch
Sitz auf dem Gymnastikball	Die Ausgangsposition ist sitzend auf einem Gymnastikball und die Beine bilden einen 90° Winkel im Kniegelenk. Anschließend werden die Beine angehoben und das Gleichgewicht wird gehalten.	Statisch
Sitz auf dem Gymnastikball mit geschlossenen Augen	Die Ausgangsposition ist sitzend auf einem Gymnastikball und die Beine bilden einen 90° Winkel im Kniegelenk. Anschließend werden die Augen geschlossen und die Beine angehoben: Nun wird versucht das Gleichgewicht zu gehalten.	Statisch

Tabelle 8: Belastungsgefüge für das Beweglichkeitstraining

Trainingshäufigkeit pro Woche	3-4x
Sätze pro Übung	1 Satz
	bei einbeinigen Übungen 2 Sätze
	direkter Beinwechsel nach 20 Sekunden
Belastungsdauer	40 Sekunden
Satzpausen	45 Sekunden

Das oben aufgezeigte Koordinationstraining beinhaltet elf Übungen mit verschiedenen Schwierigkeitsgraden. Der Plan wurde so konzipiert, dass alle Übungen methodisch aufeinander aufbauen. Somit werden erste Erfolge erreicht und so versucht, Misserfolgen vorzubeugen (Chwilkowski, 2006, S. 56-58). Der Proband hat zwar Erfahrung mit Koordinationstraining, aber durch eine lange Pause muss dieses Wissen erst aufgefrischt werden, weshalb in dem Plan ein niedrig bis steigendes Niveau angesetzt wurde. Vor allem in den ersten Trainings kann ein Koordinationstraining schnell überfordern. Um dem und einem darauffolgenden Motivationsverlust vorzubeugen, wird der Plan vorerst bewusst leichter konzipiert. Neumaier und Mechling (1994) berücksichtigen sechs verschiedene Druckbedingungen im Koordinationstraining. Diese Druckbedingungen erhöhen den Schwierigkeitsgrad des Trainings und werten diesen durch Vielseitigkeit auf, trotzdem sollte stehts darauf geachtet werden, dass eine Überforderung durch die Variation der Druckbedingungen vermieden wird. Die erste Druckbedingung besteht im Präzisionsdruck. Unser Proband muss koordinative Aufgabenstellungen mit höchster Präzision erfüllen. Mit Einbeziehung des Wackelbretts oder des Gymnastikballs wurde dies im Trainingsplan berücksichtigt. Da unser Proband bei manchen Übungen die Augen schließen soll, wurde dort die optische Informationsquelle „gekappt" und der Schwierigkeitsgrad steigt damit an. Die zweite Druckbedingung besteht im Zeitdruck, hier kommt es auf die Zeitminimierung bzw. Geschwindigkeitsmaximierung an. Da unser Koordinationsplan zwei Übungen enthält, bei denen ein Tennisball schnell geworfen, sowie präzise gefangen werden muss (Übung vier und sieben), erfüllen wir die Zeitminimierung bzw. Geschwindigkeitsmaximierung. Übung 8 beinhaltet (Beidbeiniger Stand auf einem Wackelbrett und Werfen und Fangen von Tennisbällen von 2 verschiedenen Partnern) durch das zufällige Werfen von zwei Partnern einen Situations-/Variabilitätsdruck. Ziel dieser Druckbedingung ist es, den Schwierigkeitsgrad durch wechselnde Umgebungs- und/oder Situationsbedingungen zu erhöhen. Häfelinger und Schuba (2007, S. 24) betonen explizit, dass die Propriozeption bei Übungen, bei denen ein Proband das Gleichgewicht halten und gleichzeitig einen Ball werfen und fangen muss, besonders geschult wird. Folglich wird die Wirkung des Koordinationstrainings erheblich verstärkt.

Das Belastungsgefüge für unseren Probanden orientiert sich an Chwilkowski (2006, S. 61) und seinen Belastungsparametern für ein propriozeptives Training. Folglich solle das Koordinationstraining kürzer, dafür jedoch öfters, durchgeführt werden. Mit einem Satz pro Übung, zwei Sätze für einbeinige Übungen, sowie einem direkten Beinwechsel nach 20 Sekunden, wird eine grobe Trainingslänge von 15 Minuten erreicht. Ein Koordinationstraining stellt für die menschliche Psyche eine enorme Anstrengung dar und sollte deshalb nicht zu lange andauern. Dabei wird unser Proband bei einer Belastungsdauer von 40 Sekunden und einer Satzpause von 45 Sekunden nicht überbelastet, aber sehr gefordert.

5 Zusammenfassung und eigene Meinung

Abschließend lässt sich sagen, dass eine starke Beweglichkeit sowie eine ausgeprägte Koordination nur Vorteile für den menschlichen Körper darstellen. Das Ziel eines jeden Menschen sollte es sein, seinen Körper so gut wie möglich zu pflegen. Dazu zählen auch Dehnübungen, sowie ein Koordinationstraining. Gerade in solch speziellen Zeiten (Home-Schooling, Home-Office, etc.) bewegen sich Menschen nach Angaben der Weltgesundheitsorganisation (WHO) nicht genug. Dabei ist das Risiko, ein Stück seiner Lebensqualität zu verlieren, sehr hoch. Auch wenn nicht jeder in erster Linie nicht erkennt, welchen Stellenwert das Dehnungs- und Koordinationstraining hat, so ist es doch enorm wichtig für den Erhalt der Beweglichkeit. Denn eine gut geschulte Koordination und Dehnung sind im Alltag, wie auch bei allen sportlichen Aktivitäten, unverzichtbar, denn sie sind die Basis für einen gezielten Bewegungsablauf.

6   Literaturrecherche

In der folgenden Literaturrecherche beziehe ich mich auf die Effekte des Dehnens, im Hinblick auf eine Verletzungsprophylaxe. Dazu wurden zwei wissenschaftliche Quellen ausgewählt und nachfolgend dargestellt.

Tabelle 9: (Studie 1) Effects of Static and Dynamic Stretching on Injury Prevention in High School Soccer Athletes: A Randomized Trial

Wer hat die Studie durchgeführt?	Alan A. Zakaria, Robert B. Kiningham & Ananda Sen
In welchem Jahr wurde die Studie publiziert?	2015
Welche Forschungsfrage wurde untersucht?	Es sollte festgestellt werden, ob statisches Dehnen nach einem Dynamischen Aufwärmtraining bei der Prävention von Verletzungen bei High-School-Fußballern von Vorteil ist.
Mit welchen Versuchspersonen wurde die Studie durchgeführt?	Die Studie wurde mit 12 High-Schools mit Universitäts- und Junioren-Fußballmannschaften durchgeführt. Im gesamten Bundesstaat Michigan wurden 24 Fußballmannschaften einbezogen. Insgesamt wurden 499 Schüler (-Athleten) eingeschrieben und 465 schlossen die Studie ab. Eine High School schied in der ersten Woche aus der Studie aus, sodass 22 Teams übrigblieben.
Wie sah der Versuchsaufbau der Studie aus?	12 Teams führten das dynamische Dehnungsprotokoll und 10 Teams das dynamische und statische (D+S-) Dehnungsprotokoll durch. Als wichtigste Ergebnisgrößen zählten die Verletzungen der unteren Extremitäten, des Rumpfes oder des unteren Rückens.
Welche relevanten Ergebnisse und Schlussfolgerungen lieferten die Studien?	Die Forscher sind zu dem Entschluss gekommen, dass es keinen Unterschied zwischen dynamischem Dehnen und D+S-Dehnen bei der Prävention von Verletzungen der unteren Extremitäten, des Rumpfes und des Rückens, bei männlichen High-School-Fußballern gibt. Statisches Dehnen bietet somit keinen zusätzlichen Nutzen zum dynamischen Dehnen bei der Prävention von Verletzungen.

Tabelle 10: (Studie 2) Injury Prevention effects of stretching exercise intervention by physical therapists in male high school soccer players

Wer hat die Studie durchgeführt?	Nobuhide Azuma & Fujiko Someya
In welchem Jahr wurde die Studie publiziert?	2020
Welche Forschungsfrage wurde untersucht?	Ziel war es, die Verletzungsrate nach einer physiotherapeutischen Behandlung zur Muskelverspannung und Verletzungsprävention bei männlichen High-School-Fußballspielern zu untersuchen.
Mit welchen Versuchspersonen wurde die Studie durchgeführt?	Die Teilnehmer umfassten 124 Spieler von zwei High-Schools, die an nationalen Fußballturnieren teilnahmen, die von April 2018 bis März 2019 stattfanden.
Wie sah der Versuchsaufbau der Studien aus?	Die Spieler wurden nach dem Zufallsprinzip in Behandlungs- (mit einer 12-wöchigen Dehnungsintervention durch Physiotherapeuten) und Kontrollgruppen (ohne Intervall) eingeteilt. Spieler sowie Trainer machten schriftliche Angaben zu Verletzungen und täglichen Trainings- und Spielzeiten. Physiotherapeuten besuchten jede Mannschaft wöchentlich, um Daten zu sammeln und die Dokumentation zu überprüfen. Verglichen wurden Muskelverspannungen und Verletzungshäufigkeit, -Art, -Ort, -Umstände, -Situationen, Schweregrad und Inhalte. Der Zeitraum erstreckte sich über eine 12-wöchige Interventionsperiode und einer anschließenden 40-wöchigen Beobachtungsperiode.
Welche relevanten Ergebnisse und Schlussfolgerungen lieferten die Studien?	Die Verletzungen waren unter der Intervention während des 40-wöchigen Beobachtungszeitraums signifikant niedriger (P < 0,01), jedoch nicht während des 12-wöchigen Interventionszeitraums (P = 0,44). Zu den Verletzungsarten gehörten hauptsächlich Erkrankungen, Kein-Kontakt-Verletzungen, Verletzungen der unteren Gliedmaßen/des Rumpfes und Muskel-/Sehnenverletzungen. Die Interventionsgruppe zeigte signifikante Verbesserungen im Fersenbein und im geraden Beinhebe- und Hüftrotationswinkel (vor der Intervention < 12 Wochen < 52 Wochen), sowie signifikante Verbesserungen im Knöchel-Dorsalflexionswinkel nach 12 und 52 Wochen (relativ zu den Werten vor der Intervention). Dehnübungen, die von Physiotherapeuten persönlich entwickelt wurden, um Muskelverspannungen zu beseitigen, verbesserten den Bewegungsumfang

	und die Rumpfflexibilität, mit einem positiven Effekt auf die Verletzungsrate bei männlichen High-School-Fußballspielern, insbesondere bei Nicht-Kontakt-Verletzungen während des Trainings.

7 Literaturverzeichnis

Azuma, N. & Someva F. (2020). *Injury prevention effects of stretching exercise intervention by physical therapists in male high school soccer players 2020*. Zugriff am 16.06.2021. Verfügbar unter: https://pubmed.ncbi.nlm.nih.gov/33463794/

Chwilkowski, C. (2006). *Medizinisches Koordinationstraining- Verbesserung der Haltungs- und Bewegungskoordination durch Propriozeption* (2. Aufl.) Köln: Deutscher Trainer Verlag.

Fitness Management International. (2021). *Die WHO warnt vor Bewegungsmangel und plädiert für mehr Prävention – doch die Studios bleiben zu 2021*. Zugriff am 16.06.2021. Verfügbar unter: https://www.fitnessmanagement.de/corona/who-guidelines-bewegungsmangel-lockdown-gesundheit-training-praevention-wiedereroeffnung

Häfelinger, U., Schuba, V. & Häfelinger-Schuba. (2007). *Koordinationstherapie – propriozeptives Training* (Wo Sport Spaß macht, 3., überarb. Aufl.). Aachen: Meyer & Meyer.

Hollmann, W. & Hettinger, T. (2000). *Sportmedizin. Grundlagen für Arbeit Training und Präventivmedizin* (4. Aufl.). Stuttgart: Schattauer.

Janda, V. (2000). *Manuelle Muskelfunktionsdiagnostik* (4. Aufl.). München: Urban & Fischer.

Marschall, F. (1999). Wie beeinflussen unterschiedliche Dehnintensitäten kurzfristig die Veränderung der Bewegungsreichweite? Deutsche Zeitschrift für Sportmedizin, 50 (1), 5-9.

Neumaier, A. & Mechling, H. (1994). Taugt das Konzept „koordinativer Fähigkeiten" als Grundlage für sportartspezifisches Koordinationstraining? In P. Blaser, K. Witte & C. Stucke (Hrsg.), *Steuer- und Regelvorgänge der menschlichen Motorik* (S. 93-105). Sankt Augustin. Academia.

Olivier, N., Marschall, F. & Büsch, D. (2008). *Grundlagen der Trainingswissenschaft und -lehre*. Schorndorf: Hofmann

Schönthaler, S. R. & Ohlendorf, K. (2002). *Biomechanische und neurophysiologische Veränderungen nach ein- und mehrfach seriellem passiv-statischem Beweglichkeitstraining* (Wissenschaftlichen Berichte und Materialien / Bundesinstitut für Sportwissenschaft, 1. Aufl.). Köln: Sport und Buch Strauß

Zakaria, A. A., Kiningham, R.B. & Sen, A. (2015). *Effects of Static and Dynamic Stretching on Injury Prevention in High School Soccer Athletes: A Randomized Trial 2015.* Zugriff am 16.06.2021. Verfügbar unter: https://pubmed.ncbi.nlm.nih.gov/25933060/

8 Tabellenverzeichnis